Versos Contenidos

Antonio García Ruiz

Edición del autor

Fotografía de cubierta: Antonio García Ruiz
Cubierta: Paola Torres
Maquetación: Catherine Baduin

www.poesialdesnudo.com
info@poesialdesnudo.com

Versos Contenidos/ Antonio García Ruiz. -- 1st ed.
ISBN 978-8460866886
Deposito legal C 427-2016

Para mi mujer Montse y mi hija Noa

Cada paso que doy, cada pensamiento y cada latido en mi vida, es gracias a vosotras.

Índice

La insociedad en la que invivo

Almanaque vital

Enero: Buenos propósitos

En los albores de júbilo y gritos
veo los espurios ecos de mi alma
que olvidan los malos tragos de flema
regurgitando sus buenos propósitos.

Ayudar a mis seres en sus hitos,
perdonar al que perturbó mi calma,
sanar la herida del que vive un drama,
regalar templanza al que enferma de éxitos,

alentar a quien huye de esta vida,
endulzar una lágrima podrida,
ser los ojos del amigo cautivo,

calmar las llamas de la ira perdida,
desterrar la fe del ángel caído
y hablarle de paz a mi mundo esquivo.

Febrero: Invierno

Huye pacato sol de pedernales
bajo una manta huera de afonía
que amenaza mis sienes virginales
convirtiendo en tristeza, mi alegría.

De escarcha se cubren los ventanales,
las flores se marchitan de utopía
y la lumbre endulza más que las mieles
porque el silencio será nuestro guía.

Declaras la guerra abierta a mi cuerpo
sabiendo que al otear el verano
nuestros sinos verán un armisticio

que me haga enmudecer de tiempo en tiempo
y añorarte, viejo enemigo, en vano,
cuando el calor exaspere mi quicio.

Marzo: Mi nacimiento

Para mi madre

Quince cornadas púbicas sentiste
el día que mi almendrada cabeza
te sacudió con alegre firmeza
con clara trayectoria descendente.

Allí estaba yo, impávido e inerte,
hasta que un sorbo de vida exhalé
y mis ojos aún ciegos resbalé
buscando una luz para poder verte.

Palpé tus dedos para así sentirme
realidad ante unos sueños creados
de ser tu única fe, tu único dios.

Lloré, lloré... A tu pecho me arrimé
para engarzarme fiel a unos latidos
que aunque eran tuyos, siempre serán míos.

Abril: Primavera

Las golondrinas te anuncian al ver
que el albur apuesta todo a que gana
a una dama que resiste lejana
su yerma vida que teme perder.

Perdonas a quien no te quiso ayer
y arrebatas a la bestia que afana
tu presencia virginal y mundana
de hilos que sólo tú sabes tejer.

Eres bálsamo anunciador de dones,
fiel quebranto en la majada del pérfido,
sacudes incauta el mar de mi ombligo

al regar con mi sangre a borbotones
la sombra de mi espíritu dormido
que yace pétreo, sólo y sin abrigo.

Mayo: Mes de las flores

Gerberas, tulipanes, margaritas,
hortensias, narcisos, malvas, jacintos,
crisantemos, aquilegias, violetas,
rosas, lirios, dalias y pensamientos.

Adelfas, azaleas, ficus, cintas,
ardisias, helechos, laureles, potos,
camelias, hiedras, sansevieras, pitas,
araucarias, geranios y ageratos.

Cipreses, encinas, manzanos, sauces,
chopos, madroños, pinos, plataneros,
cedros, olivos, cerezos, nogales,

fresnos, ciruelos, alcornoques, arces,
eucaliptos, higueras, cocoteros,
castaños, naranjos, olmos y robles.

Junio: El día más feliz de mi vida

Para mi hija

Nunca mis palabras fueron tan lentas
y mi corazón tan dado al melindre
como el día que se quedaron muertas
mis siete vidas al saberme padre.

Olías a serenas aguas rotas.
Pedías morir de amor a tu madre
cuando cincelabas muecas honestas
que en el marco de mi vida encuadré.

Cegué a los ayeres en el momento
que clavaste divisas en mi pecho
al asirte en mis brazos dulcemente.

Y tras exhalar tu primer aliento
supe que hasta yacer muerto en el lecho,
te quise, quiero y querré eternamente.

Julio: Labrador

El sol ha cincelado con su faca
la cara del labrador que trabaja
su árida tierra de azada y estaca
vendiendo las cosechas en rebaja.

Fútil sudor corre por la cloaca
al ver sus réditos que son migaja
de diezmos dados de forma bellaca
por aquel que paga a precio de paja.

Sus aperos son heroicos testigos
del esfuerzo diario de sus frutos
por servir al hombre cual escudero.

Temple y saber medir los tempos justos
son las virtudes que agrandan sus egos,
aliviando su espíritu certero.

Agosto: Conocí a mi amor

Para mi mujer

Mi vida pendía de una repisa
y al grito de mi aliento contestaste.
Salvas a un avasallador sin hueste
con tus labios que calman cual melisa.

Corazón mulato y alma sumisa,
marejada de rizos penetrante,
un pétalo de rosa cada diente,
luna en cuarto creciente por sonrisa.

Susurro que fulmina mi pesar
y ojos que delatan los sentimientos
que tu ser no se atreve a expresar.

Cuerpo del mal que yo quiero rezar,
pasión capaz de crear nuevos vientos,
pies que ensalzan el verbo caminar.

Septiembre: El día más triste de mi vida

Para mi abuelo

Debajo de una boina encorsetada
un hombre modelo yace en la cama.
Inhala ansioso por más vida dada
pero cansado de vivir exclama.

Sus ojos cual luciérnaga apagada
de color opuesto al rojo que él ama.
Guerra y pesares en su alma marcada,
sonrisa perenne pese a su drama.

Su cuerpo, un traje de lino tendido.
Manos rotas de pianista frustrado
rozan ya la existencia sin más brío.

Llora mi Historia en el ánimo hundido,
de calor a frío al fin ha pasado,
Nicasio Ruiz Garasa, abuelo mío.

Octubre: Hispanidad

Temerosa recelas de soslayo,
privando de tu errática presencia
al fortunio vago que en la conciencia
te menosprecia cual burdo lacayo.

Eres infiel a la luz de tu rayo
que alumbra el sagrado idioma que sacia
países y culturas con herencia
hispana haciendo de tu capa un sayo.

Creas huérfanos renglones de savia
e ignoras el éter de tradiciones
que antepasados sudaron en lágrimas

al sembrar allende tu esencia en ciernes
engarzando gentes que todavía
sienten el pesar de que no las amas.

Noviembre: Día de todos los Santos

No me vestirán de marinerito,
de frac, traje y aún menos, de chaqué.
No saludaré guiñando un ojito,
tampoco me preguntaré —¿Por qué?—.

Mi mortaja será el lino contrito
con un sudario ajado de piqué.
Luto negro zaíno en el séquito
al que despediré desde mi alfaque.

Alma que buscaréis en mi mirada
mas un espejo en añicos veréis
roto por el tiempo que no izaré.

Miedo por una deuda atesorada,
risas por chanzas que recordaréis.
—¡Gracias vida!—. Este epitafio oraré.

Diciembre: Navidad

Rescoldos fatuos de una hoguera viva
cimbrean la estabilidad familiar
en unos días en los que conciliar
es verbo de uso en activa y pasiva.

La luz de la estrella sonríe altiva
meciendo destellos al tertuliar
en su intento sereno de afiliar
ceños arrugados en comitiva.

Los niños respiran amor contentos
por la clemencia que les da el inciso
de una fiesta que se tiñe de chanza.

La Navidad imanta sentimientos
de aquellos que otean el paraíso
de una bondad colmada de esperanza.

Manual de amor

Bajo el Arco del Triunfo

Déjame ser tu aprendiz,
tu valido, tu boceto, tu pasquín.

Déjame rumiar tus pensamientos
y podar tus miedos en abril.
Que sea mi corcel el que soporte en sus lomos
tus cuitas y cabalgue más allá
del cerro que rasga el horizonte.

Déjame ser tuya un minuto en mi dimensión
que a tu lado fluye tan lento
que me sabrá a un infinito por ciento.

Déjame estar a tu lado, inerte,
y gocemos de todo lo que nos suplica el silencio.

Déjame tocar tu aura troquelada
por el cincel de la naturaleza
que esculpió arquivoltas en tus senos,
pechinas bajo tus brazos
y una mandorla por rostro.

Déjame besar tus cándidos ramilletes
que son veneno, voluptuosidad, verbo,
para que soslayen mis pesares
en hondo pecar excomulgatorio.

Déjame mirar extasiado tu donaire
que apila mis sentimientos en un silo
de ilusiones, prestas para las épocas de tempestades.

Déjame escanciar los placeres
que tus miradas turgentes un día
descubrieron tras los visillos de tu alma.

Déjame creer que me escuchas, enamorada,
cuando un poema te rezo
porque mis palabras son los ecos
de un canto de amor honesto.

Amor platónico

Titubeo dulce y avergonzado
que mis labios exhalaron al verte.
Mueca de payaso atemorizado
al verse cara a cara con la muerte.

¿Por qué mi cuerpo está paralizado?
¿Por qué mis manos no puedo ofrecerte?
¿Por qué mi ser parece estar cazado?
¿Por qué mi vida sufre al no tenerte?

Sueño con ser tan sólo un día tuyo
y después, siempre volver a extrañarte.
Gloria alcanzada de forma perenne,

vacío eterno de nuevo al perderte.
Si la vida dura sólo un murmullo,
toma el mío y vive por siempre indemne.

Cuando siento

Cuando el viento del este sopla atemorizado
los portalones de mi ventana,
siento el dulzor de tu perfume almizclado
acariciar mis sienes, heridas de tanto extrañarte.

Cuando la lluvia chapotea en mi ombligo,
siento cada gota como lascas de pólvora
atezando mi espíritu al recordar una vida mejor.

Cuando el sol vence en legítima batalla
al tragaluz de mi corazón,
Siento una ceguera nerviosa
por tu próspera partida
que será mi ruina sin remisión.

Cuando el polvo macula mi jaula
de cemento y cal,
siento explotar mis arterias agotadas
por no encontrar sentido al fluir de su savia
si tú no estás.

Cuando el fuego de mi pasión
me empuja a la balaustrada del pánico,
siento mi cuerpo remar, batiendo contra el mar,
en vano intento por consolar mi absurda
existencia siendo náufrago de amor.

Cuando la niebla palidece mis sentidos
en cada despertar,
siento que las hueras insinuaciones de mi alma
me guían sedientas por lamer
tan sólo un suspiro tuyo
mas el desesperado aliento de una sombra
remilgada me recuerda que marchaste sin mirar atrás.

Cuando el calor de mi pensamiento
prende el lignito de mi razón,
siento cómo mis argumentos exangües
danzan melindrosos
al ritmo de una balada de luto.

Cuando el ruido incesante de tu eco
impregna mis cabellos de soslayado rubor,
siento cimbrear las pálidas palabras
que mis labios susurran al recordar tu nombre.

Cuando la bruma roza mi tenue templanza,
henchida de impaciencia,
siento el reflejo de tu risa
ajena a toda parva de mentiras
llena de rebosante finura.

Cuando la humedad, cargada de tristeza enmohecida
penetra curiosa en las cavidades de mi ser
buscando un refugio tácito en el que morar,
siento la derrota de mis insurrectas extremidades
que imploran dejarse matar.

Cuando el silencio atribula mi existir
hendiendo la imagen de un Eros perdido,
siento la necesidad de preguntar a mi coleto,
¿quieres ser de nuevo mía
o eternamente tuyo puedo ser yo?.

Enamoramiento

Cuidemos el cordón umbilical
que nuestras almas quisieron crear
y enterremos los pasados en cal
para que el presente se eche a andar.

La dulce tristeza pontifical
me acaricia sutil al despertar.
Extravié parte de mi Yo troncal
y amaneció muerto de tanto amar.

El bendito hormigueo que mi cuerpo
sacude, es el tic- tac anunciador
de la inmensa dádiva concedida

por un misterioso dios creador,
impregnando cada pizca de tiempo
en fausta gratitud incontenida.

Pasión

Una llave avisa que estás a punto de entrar,
palabras a ritmo de vals
y miradas que al aire vienen y van.
¡Gozo inquietante para mi alma!
Sudor que quisiera libar
si tu piel acepta el reto de jugar
en un cuarto convertido en paraíso
para dos amantes que a pecho desnudo
soñamos con amar,
siempre.
Convirtamos en divino
lo eternamente terrenal
y soliviantemos nuestros sentidos
castos de tanto esperar.
Tú me tocas,
también te sueño yo.
Tú me miras,
también te amo yo.

Sin más futuro

Prendo la mecha del segundero
dejando huérfano a un futuro
que al saberse para siempre tuyo
desea ser presente eterno.

Miedo a perderte

Un súbito escalofrío atribulado
impregnado en sin razón aparente
recorre mis cuatro puntos cardinales
cuando el oráculo me muestra
que el camino a perderte
puede ser más corto
que el oasis de poseerte.
Te conseguí.
Una vez te conseguí
y para siempre te deseé.
El pavor a un futuro lego de argumentos
y a la pérfida victoria de laureles y alegorías
coronando una cabeza alada
de miedo a perderte,
hace que mis sombras corran despavoridas
sacudiendo mi marioneta sentimental
en un vaivén incontrolado
de hilos que a tu antojo se desafían.

Canto de amor desesperado

Miro a mi amor y no lo reconozco.
Demando los besos apalabrados
y el amor prometido poco a poco
en días de pasión y orados credos.

Sigues siendo el ángel que siempre invoco
pese a tus gemidos de tristes quedos
que estrangulan la pasión de mi único
tesoro que se escapa entre mis dedos.

¿Qué es lo que pasa en tu mente de seda?
¿Acaso murmura que no me quiere?
¿Ya no recuerdas lo dicho en antaño?

¡Habla mi vida, pide ser amada!
Tu silencio asesina a aquel que muere,
tu ausencia desintegra nuestro sueño.

Reproches

Hoy mi corazón llora como el fado
una ocasión vilmente asesinada
de servir a los ojos de mi albada
y palpar tu saliva hipnotizado.

Ignoras que fui feliz a tu lado
y huyes como gota de agua agitada
tras intuir el aceite, y hastiada
fijas tu alma hacia tu sueño soñado.

Prende el ajuar hilvanado por ambos
y endulza las lágrimas con excusas.
Por mí, tómalo todo. Nada quiero.

Que el mascarón te señale los rumbos
sordos de olas que cantan melindrosas
que en mi atalaya, al despedirte, muero.

Adiós

Fue una mañana
opaca, oleosa, casi gris.
Una mañana doliente
a la que le costó parir.
Una mañana vejada
por los ventanucos de la posada,
envejecida por la rutina,
hastiada de sentirse zahorí.
Fue una mañana
opaca, oleosa, casi gris
en la que vi tus ojos por última vez
y ciego de esperanza,
tras llorar, sucumbí.

Divorcio

Palabras que ayer fueron pronunciadas
de amor eterno, de pan y cebolla,
no valen ni para ser recicladas
por un Cupido que en vez de hablar, calla.

Sueños diluidos por las majadas,
de pasión, confianza y pesadilla.
Dos hijas sin piedad sacrificadas,
joyas y ropas en una buhardilla.

¿Por qué no me quieres como hace un año?
¿Por qué esta vida nos ha estrangulado?
Pues lo mío es mío y lo tuyo, tuyo.

Si lo quieres, así será pactado
pero no te escondas dentro del baño
para compadecerte de tu orgullo.

Añoranza

El día que tu aliento
empujó mis sienes al olvido,
desterré a mi consciencia primera
refugiándome en el lagar frío de mi corazón
para hilvanar los girones deshilachados
de un pelele que llora tu ausencia.

La insociedad en la que invivo

Pesares por un mundo desahuciado

Contemplo la lenta agonía del doliente orbe,
inocente crisol de vida abandonado
maculado de células prepotentes
que presumen de su altanera insidia
al jugar con las cartas del tramposo.

Apunten,
engatillen,
¡disparen!

Me siento desolado como una gota de agua al caer al suelo,
como una flor inerte balanceándose al viento,
como la conciencia del guerrero en su tiempo de asueto,
como un libro huérfano de prólogo y epílogo,
como una ventana tapiada en su exterior,
como una jirafa en un mundo de bonsáis,
como una escalera que únicamente desciende,
como un imán recién divorciado de su polo opuesto.

Me siento abrumado como el fusilado tras morir,
como la inmaculada nieve manchada de sangre,
como el poeta tras un coma de inspiración,
como una llave maestra en manos del ladrón,
como el mensaje de una botella varado en el fondo del mar,
como un Goya olvidado en el sótano,
como un bisturí con el filo romo,
como un recuerdo habitando en el futuro.

Me siento engañado como un maniquí desnudo,
como un pasodoble versionado al *techno,*
como una enciclopedia con demencia senil,
como un medicamento hace tiempo caducado,
como un telegrama de aviso con retraso,
como el anarquista leyendo unas instrucciones con esmero,
como una sombra buscando su sentido en la penumbra.

Me siento desorientado como un *dandy* con chándal,
como el profeta privado de voz,
como un pasaporte olvidado en el fondo del cajón,
como un río castigado sin desembocadura,
como un buen licor desangrado en los fogones,
como un balcón con vistas a Damasco,
como el hidalgo Don Quijote en *Disneyland,*
como una guía de viajes sedentaria.

Me siento frustrado como un abrazo ofrecido al vacío,

como un alfiler dentro de una pompa de jabón,

como una verdad en boca del mentiroso,

como un reloj hastiado por el paso del tiempo,

como un punto y aparte en un soliloquio,

como una palabra de amor ignorada,

como un tesoro al ser descubierto,

como un sí obligado a ser no.

Me siento inútil como el amor platónico desechado,

como un deseo al saber que jamás llegará,

como un mosquito sobre una armadura de hierro,

como la gota de aceite marginada en el vaso de agua,

como mi mano izquierda al saberse prescindible,

como un domingo en familia en la casa del prófugo,

como un contigo al darse cuenta que es sin ti,

como una puerta en el límite del universo.

Me siento abandonado como el eco sordo,

como el lunes por llegar un día tarde,

como una bandera tendida en el campo de batalla,

como un secreto desvelado por un amigo,

como un girasol debajo de una sombrilla,

como el ego ignorado por su propio ego,

como el alfil al ser sacrificado por un peón,

como el mes de mayo al acercarse a un bosque quemado.

Me siento sólo como una brújula en el Polo Norte,

como un terrón de azúcar en medio del mar,

como una rosa bajo tierra,

como un oso polar vagando en el infierno,

como un pastor en el centro de *Manhattan*,

como un lazarillo ciego de amor,

como un establo muerto de vida,

como un día cualquiera sin ti.

¡Alto el fuego!

No apunten,

no engatillen

y por lo que más quieran,

¡no disparen!

Superación

Continúo mi búsqueda constante
a la felicidad indescriptible
que deje atrás el vacío frustrante
y me haga vivir todo lo posible.

Piernas dispuestas, corazón y mente,
tres enemigos de sonrisa afable
que olvidan, tras ser cocidos al dente,
sus diferencias por un fin loable.

Huid por siempre sombras del pasado,
dejadme descansar de tanto escrache
y sacad vuestros dedos de mi llaga

pues nada saco en claro del legado
de volver a caer en vuestro bache
que amenaza el camino del que vaga.

Éxodo hacia la muerte

Fútil fragor de férreas manos
que en noches apisonadas
por una alcurnia realidad
y melindrosa belleza,
lloran gemebundas su ausencia
ante el devenir de las bombas
que golpean en su empeño.
La despedida está servida en la mesa.
—Esta noche no dormiré. Quizás mañana no despierte—.
Desdichada actriz sin pareja,
desgraciada semilla sin futuro.
Pies que zigzaguean como trincheras
tras una sombra difuminada a carboncillo
en una fría noche en la que una veleta
desorientada marca el camino
de un futuro que juega al escondite.
—Padre, ¿por qué debo morir bajo
el metal preñado de ira que algún desalmado
ideó sin yo conocerlo de nada?—.
Estruendo, desesperación, silencio... Nada.
La polea de la mañana iza un nuevo día

salpicando de sangre la sombra cicatera
y acertando de pleno en la criba del tamiz
del desalmado, que orgulloso firma cheques
sobre la piel aún caliente del yaciente,
garabateando satisfecho en el pecho del niño
que duerme eternamente más allá del horizonte.

Allí estaré yo

El día que tu senda se bifurque en dos
hendiendo tu razón acostumbrada
a oriflamas de felicidad y buen trato,
no calles y denúncialo, que allí estaré yo.

El día que las alboradas
se conviertan en perenne claroscuro
premonitorio del crepúsculo vital,
no calles y denúncialo, que allí estaré yo.

El día que tu remilgado donaire
abandone tu atezado espíritu en pos
de una inánime sombra usurpadora,
no calles y denúncialo, que allí estaré yo.

El día que las galerías de tu alma
se derrumben a empellones y el lignito
de tu corazón no arda de amor respetuoso,
no calles y denúncialo, que allí estaré yo.

El día que tu remordimiento
se halle ahíto de contrición
por tanta iracunda patraña,
no calles y denúncialo, que allí estaré yo.

El día que la cobarde mano
arremeta una adehala de golpes
contra tu ser, saciada de fruición,
no calles y denúncialo, que allí estaré yo.

El día que el fulgor de tus ojos
se avergüence de tu mirada lánguida
henchida de lágrimas aciagas,
no calles y denúncialo, que allí estaré yo.

El día que tus palabras se asomen
arduamente a tus labios, sonando huecas
como arterias exangües, hueras de comprensión,
no calles y denúncialo, que allí estaré yo.

El día en que tu amante
no sea más que el contorno desdibujado
del sueño que soñaste,
no calles y denúncialo, que allí estaré yo.

El día que la cáfila de bestias
te aturda exacerbada con mil y una
ardides impostoras, deseosas de tu silencio,
no calles y denúncialo, que allí estaré yo.

El día que tu cuerpo claudique su cerviz
en aras de "un golpe sin importancia"
enmascarado en hedionda justificación,
no calles y denúncialo, que allí estaré yo.

Y el día que puedas desuncir el peso
de tan groso yugo, abandona tu mudez
y vuelve a reír, y vuelve a cantar,
y vuelve a caminar sin miedo…
Porque allí estaré yo.

Ceguera mortal

La sombra del olmo quiere huir y no puede
pues le ha sido encomendada la ingrata
misión de proteger del sol al ahorcado.

La ola maldice la fuerza con la que
la naturaleza le ha bendecido
pues escora la patera al querer darle un abrazo.

El trigo reniega de su belleza al sentirse
ultrajado pues diariamente es obligado a sentarse
a la mesa del que paga sus servicios como esclavo.

Y yo me avergüenzo de mi especie irracional
que pronto aprende a mirar
y aún más pronto a callar
pues el horror de los muertos del telediario
esta tarde quedarán sepultados
con tres goles de Cristiano
o un quinto abrigo en rebajas
que compraré al grito de —¡Por si acaso!—.

Querido amigo

¿A dónde vuelas, querido amigo,
desde que el brillo de tus ojos
alumbra una deidad, que no es la mía,
ahogando tu penar
en lascas de oro y plata?

¿En cuánto cifras tu mugrienta quimera
que te hace rezongar cuando de ti se aleja
y es capaz de apresarte de nuevo a empujones?

¿Por qué tu aliento anhela el metal troquelado
que a Judas llevó al descarrío?

¿Por qué humillas tu rostro ante un reflejo ilusorio
acostando cada noche tu sobrio cuerpo,
borracho de poder?

¿Con qué perfume impregna tal bosta
que consigue henderte en dos, o tres, o cuatro,
maculando tu espíritu de antaño y convirtiéndote
en lánguido recuerdo de lo que ayer fuiste?

¿Cómo dejas desvanecer los años de tu estadía vital
para amasar un trigo difícil de triturar
en el molino de la vida,
sabiendo que el agua que éste deja pasar
nunca más se volverá a presentar?

¿Cuándo despertarás del sueño inventado
aceptando que lo realmente importante
lo tienes a tu lado y el resto está por demás?

¿Por qué elegiste Sodoma y Gomorra
en vez de una vida en paz contigo mismo,
no esclavizando tu ser entero
al servicio del rancio fulgor enmohecido?

¿Cuál será el sentido de tu última exhalación
rodeado de hirsutos vellocinos mudos al no
conocer qué es eso del amor?

¿A dónde irán tus lamentos
cuando esta vida, un día te diga adiós
y busques consuelo en una voz amiga
mas el chasquido de monedas te acompañe
en un eterno silencio vacío de comprensión?

¿Por qué? ¿Por qué? ¿Por qué?

Yo te afirmo, querido amigo, mirando
a tus ojos de centelleo opaco y cansino
que el Poder es rencoroso contable
con aquel que desunce su yugo
pues jamás olvida que un tanto te da
pero otro tanto te quita.

Ironías hipócritas

Si tengo tres pelos en la cabeza,
no soy un adonis de melena acondicionada
sino un tipo cruelmente tratado por la genética.

Si tengo ochocientos de colesterol,
no soy un buen candidato al *"mens sana in corpore sano"*
sino un fulano al borde del colapso cerebral.

Si aspiro veinte cigarros al día,
no soy un exfumador despechado
sino un drogadicto enconado con su fuerza de voluntad.

Si vivo con un euro al día,
no soy un potentado mecenas
sino un vago sin aspiración alguna en la vida.

Si imploro por la paz en el mundo,
no soy un loco con los pies en el suelo
sino un soñador demagogo de ideología demente.

Si digo lo que pienso con educación,
no soy un hombre de acción
sino un líder golpista en busca de titulares.

Si no acudo a la misa dominical,
no soy un agnóstico con creencias propias
sino un hereje al que le place el calor sofocante.

Si pago mis facturas ejemplarmente,
no soy un ciudadano modélico
sino un marginado que reniega de las costumbres populares.

Si encubro a varios cientos de imputados de mi partido,
no soy un político deshonesto
sino un mártir a la espera de ser beatificado.

¡Ay Humanidad!

59

En la suite de mi mundo interior
hay dos lágrimas empapando la alfombra
de hondo desasosiego
por la muerte de un sueño,
el sueño de un mundo mejor.
Hay una silla amortajada
bajo un fular nómada.
Hay unas tupidas cortinas,
celosas de su intimidad
y una cama que suda temerosa
al saber de su próximo inquilino.

¡Ay Humanidad! ¡Qué equivocada estás!

Hay un techo sin estrellas a las que llorar
y un vaso sin boca a la que besar.
Hay un armario olvidado por el uso
y unas flores marchitas de tanto musitar.
Hay un árbol yaciente
a la espera de su extremaunción
y un espejo que añora
el don de la opacidad.

¡Ay Humanidad! ¡Cuánta inutilidad en tu fluir!

Hay una almohada surcada por el rímel
y un galán castigado a la soledad del rincón.
Hay un perfume presto a ser enjuagado
y una lámpara cansada de alumbrar
a una razón todopoderosa
que se empeña en fracasar.
Hay un poeta marginado
que demanda belleza
y no un constante penar.

¡Ay Humanidad! ¡Cuándo serás
la amada que no me defraude jamás!

La política de hoy en día

Cuarto mal ventilado
maculado de humedades,
cloacas a rebosar de ponzoña,
así es la Política, así es la "Doña"
si "Don Dinero" acecha sutilmente.
Olor nauseabundo a matadero
donde se sacrifican con saña las esperanzas
y se despellejan con languidez los sueños.
Patraña tras patraña,
insidia tras insidia...
¡Despierta pueblo mío!
Y hazle saber a esa infame
que las promesas de utopía
ya no sirven para sepultar
el silencio de tu boca.

Veredicto de culpabilidad

Dos mil preguntas taladran mi mente,
ni una respuesta jamás encontrada.
Luces parpadean constantemente,
sombras que acechan la puerta de entrada.

La extinción que se asoma cruelmente
a una esperanza de vida frustrada.
Humanidad egoísta y demente,
nefasta defensa de una letrada.

Catacumbas perpetuas has creado
despreciable y absurdo ser humano.
Halo de un futuro lleno de hastío

y miopía al mundo has contagiado
dejando un triste legado en la mano,
herencia de unos hijos en baldío.

Juez implacable

Uno, dos, tres, cuatro, cinco…
Diez…
Quince…
Tres niños han muerto en este intervalo,
tres sorbos de *champagne* que otros han degustado.
¡Tiempo despiadado! ¡No sentencies tan rápido!
No seas cómplice de este aberrante infanticidio,
no empeñes tu nombre al servicio del "primer mundo",
que da asco,
no prives de tu devenir a quien apenas
te ha gozado aunque la sociedad
lo haya declarado *Bien de Interés Desahuciado*.

Bendita locura

¡Ciegos!
—Clamó el maestro desde su atalaya—.

No sois capaces de ver más allá
en vuestro mundo
de pacatos convencionalismos
y constreñidos deseos.
Yo me alimento de naranjas azuladas
y acuesto mi pellejo en prados de color rosa.
Lloro lágrimas opacas
y traspaso puertas en el aire
pues juego con el mundo a mi antojo
aparcando su paleta de colores en un rincón.
Yo nado en lagos de miel
y espanto a la muerte con sólo mentarla.
Atrapo cirros donde sólo hay humo
y sueño con selvas en el desierto.

¡Cobardes!
—Farfulló el maestro desde su atalaya—.

No sois capaces de escuchar
el susurro que emana de un aullido
ni apreciar el lirismo de un grito desesperado.
Sólo yo soy capaz de sentir
"amor" en el eco de "desamor".

¡Conformistas!
—Sollozó el maestro desde su atalaya—.

Sois capaces de asesinar a la esperanza
por miedo a penetrar en su habitación
y desecháis sus frutos bien amamantados
antes que saciaros con un bocado de ella.
Negáis burlonamente a esa madrastra
que creéis no necesitar pero que
todos vosotros teméis algún día encontrar.

¡Inmisericordes!
—Exhaló el maestro al expirar en su atalaya—.